AF532427

LOS RESQUICIOS DEL SILENCIO

Carlos Bessini García

Impresión y editorial: BoD – Books on Demand
info@bod.com.es - www.bod.com.es
Impreso en Alemania – Printed in Germany

ISBN: 9788411744980

Depósito legal: V-4361-2023

Edición y diseño gráfico: Sandra Ajenjo Muela

ÍNDICE

DE LA TRANSITORIEDAD Y EL TIEMPO

Som respiració,

matèria concretant la brevetat.

Berna Blanch

LAT(IDO)

... nada más que eso:
un pulso, un latido al vacío,
música que se desdobla
en armonía y grito.

Solitario, un golpe ufano
se adhiere al tiempo,
solitario retumba en el espacio;
solitario rebasa los perfiles del escenario.

Nada más que briznas:
ápices de vida
excediendo sus lares,
royendo, matando el instante
en suspiros incansables.

Nada más que eso:

un impulso colorado,

una ráfaga, un efluvio solitario.

INERCIA

Anquilosado y sin tiento,
de telas supo entretejer
mis inserciones el tiempo;
un perpetuo hilvanar
(crisálida del movimiento).

En su frenético devanar
bailan fibras sobre el cuerpo:
sarta de lazos quebradizos
hilando texturas intrincadas
(madejas de tono pajizo).

¡Hebra desligada al viento!
Volando libre entre los espacios
(cavidades del descuido),
alfileres extraviados en sus atajos.

FUGACIDAD

Al reloj ser esquivo,
vagar por recuerdos de leyenda.
Memoria, desdobla la frígida línea
que el coro rítmico guía
agitando trémulas sus manecillas;
ellas, buscando el mañana
giran y giran.

Como pasos prefigurados,
sincopados movimientos
en su órbita permanecen inmersos:
aspas que huyen sin viento
y dilatan la apariencia del momento.

Ambigüedad que desfila
y desgaja como una naranja
la fluidez de un claro día.

Es perfume mudo
y pigmento desteñido,
su mirada estriada
es fugaz estrella sin brillo.

Es un rodar eterno.
Diáfano círculo de vidrio.
Péndulo en medio del silencio.

Afila sus agujas de acero
y con ellas tañe su concierto;
pálpito, río de misterio,
compás fugitivo
en épocas de florecimiento.

Rueda y rueda el minutero,
rueda la rítmica saeta:
flujo que al mundo dirige.

Rueda y rueda el minutero,

raudo y ágil instante venidero.

EVANESCENCIA

Cortina de aire brumoso:
halo creciente, de ceniza
suspensa en el ambiente.

Oro y llama impetuosa
que decora la candela,
arderás y te desvanecerás
ceñido a tu cuerpo de vela.

Esqueleto fundido
bajo el ámbar de la vida,
contorno que se diluye
como sustancia líquida.

Ceniza que como un susurro
acaricia el nervio de un sentir perdido,
un sentir, un desaliento consumido
en su último suspiro.

Claror desvaneciéndose.
Tornasoles: rojizos resplandores,
tenues matices reflejados
en los recodos, en las rugosidades
y amplitudes multiformes.

Ígneas luces anteriores
estallan cromando los mármoles:
lisas piedras esculpidas en las paredes.

Muros de caduca luminiscencia
(fríos horizontes),
soporte de sutiles rayos refractores.

Láminas metálicas:
centelleo que comparece
en su gesto, en su partida,
en su expansión y en su desenlace.

Aire brumoso, ceniza
suspensa en el ambiente.

DESTELLOS DE UN ABISMO INTERIOR

La rima es el sonido

que hace resurgir

del fondo de su nada

algo que acaso fui.

Jaime Siles

ECOS DE SOLEDAD

Lacerado por la melancolía,
quebrados los huesos, flaco
como figura de alfeñique,
extrañando las nuevas tretas
que el buen silencio induce.

Dulce y melodiosa añoranza
que el ardor del habla funde,
con el roce de sus labios,
áspero tiento que confunde.

Huye entre florestas el huraño,
sembrando campos de algodón:
plácido regocijo aterciopelado.

ENTRE GRILLETES

Resuenan lejos los cristales;
son las espinas, las esquirlas
rasgando el bello de la conciencia.

Aglutinados, emulan frascos de vidrio
(continentes de un parpadeo),
que colapsan y quiebran sus bordes
esparciéndose en fragmentos revueltos.

Así desdibujan el recuerdo,
en tanto que un puñado de arena
se desgrana entre los dedos.

IDENTIDAD

Ojos, reposo de relieves:
contoneo material
recogido sobre sus pliegues.
Cimas sepultando simas:
silente abrigo de oquedades.

Todo es mera definición,
ideas concéntricas,
círculos de interna adecuación;
todo es retrato,
cada elemento es un yo.

Veo como recorro el filo
(en sus límites me desconozco);
veo una cascada despeñarse
(en su curso rozar el aire);
veo trasparencia pensarse,

y yo... imaginero, convengo
con ella al desvanecerse.

Intuyo con brío
el viso de un rojo inscrito,
en estructuras arrojadizas
(monumentos de ingenio
amaneciendo al alzar la vista).

Intuyo mis lapsos: estrictos parpadeos,
cortes de espacios en cadena,
diminutos instantes...
cisura de los diques hogareños
en que mi cubículo se eleva.

Y la luz... el ojo...
ciñen al objeto su impronta;
y él, como una efigie,
dista de sí y de mí denota.

TINTINEO

Es la campana,
como un cosquilleo,
roce de lo interno
(inverso a lo corriente).

El repique del badajo
(toque de bronce preciado),
es el nervio que resuena
de una copa cabizbajo.

Tiembla la campana
y vibra un eco entre metales,
tiembla y mece la onda
que palpita entre cavidades:
órganos de los clamores.

Tambalea la campana
su rígida cintura, ciñéndose
a la torre del homenaje:
vértice que corona sus señales.

Señales que fluctúan: signos
que en las almenas trasparecen.
Signos como luces:
armonías que amanecen.

Simbólicas entidades
en estrecha correlación:
significante que la distancia
aleja de su definición.

Campanadas: solemne dicción.
En su amplia frecuencia
reside la perfección.

ENIGMAS Y DESENGAÑOS

...aunque engañes a los ojos
del mundo a quien adoras: no por tanto
no nacerán abrojos...
Fray Luis de León

...mientras tanto avanzamos y avanzamos
con las manos atadas inexorablemente
en un sueño más o menos terroso...
Mario Benedetti

RUMOR VELADO

... es el estrépito
cual vórtice que murmura,
rumor que semblantes sin rumbo,
perciben melifluo
entre danzas de amargura.

Y con lanzas clangorosas,
como un rayo súbito,
yerguen los acérrimos navegantes
flores, en estratos indefinidos
ultimados por cañones.

De la polvareda en descenso,
por su peso y fondo,
de cadavéricos valores
barnizándose va el suelo.

De la polvareda...

entre cromados olores,

espejea un grisáceo jardín

los detalles y ficciones de las ciudades.

ENIGMA INTERLINEAL

Cadencia novelística:
quimeras de ensueño resonando
en frías madrugadas invernales,
adornan el oído con el aleteo
de las plumas que visten las aves.

La crónica es decadencia,
un istmo entre dos puntos
(lances de una realidad histórica),
rígida línea de la peripecia.

Rendidos los párpados, lastrados...
Densas palabras erigen sombras
sobre canónicas esferas,
sobre suntuosidad añeja,
sobre la sólida memoria...

La ilustre cadencia
tiznará de un plumazo
el lazo que une caducas grafías
con imágenes borrosas.

Ese delinear errátil
eclipsará la última chispa,
recubrirá con su bruñida película
la inconsistencia de un terreno estéril.

Esa sonoridad letrada,
respira de los resortes
que cobija el eco de los versos,
un estilo que, ceñido al vuelo,
como un vaivén tempestuoso
va mudando su reflejo.

Un susurro bamboleante,
imbuido en la forma esencial
de tácitos caracteres,
un influjo que influye sobre sí
puliendo sus flecos y márgenes.

ESFINGE

Mujer de áurea corona,
cubre tu rostro de miel:
bálsamo que atrae a la colmena
con su azucarado aroma
(tez de néctar que envenena).

En tus alas de mujer
sonríe un viento azulado,
pero en tu cínica mirada
plañe un suspiro, herido
por plumas de filo lanceolado.

Mujer, a la vera del camino
(nítido espejismo femenino).
Baña de misterio y seduce;
mujer, el enigma es tu hechizo.

Salvaje silueta de león,
reluces figura divina
tras inducir en el error,
a los ojos que te alumbraron,
a los oídos cautivos de tu voz.

Mujer, lo que no es
finge, lo que es.

IMAGINEROS

Musas.
Como dilatados cauces en espejo.
En su inmediato volteo.
Enrollando su forma
de angosto respiradero.

Absorbidas.
Por la ventana gris macilento.
Despliegan enormes catalejos.
Catapultan la llave
de un pasadizo sempiterno.

Sus voces.
Como licuadas cuerdas.
Como rincón de un reflejo.
Como eclipse del coro.
Como silencio suspendido.

Musas.

Absorbidas voces.

LA LUZ DEL OCASO

Cómo ciega el amanecer
por vivir en el ocaso,
cuán lejano el horizonte
por el astro esclarecido.

El cénit de la esperanza
es el valle sin lumbre;
la cumbre de la templanza
es una gruta sin lumbre;
la cúspide de la calma
es la lúgubre hondonada
abisal, sin lumbre.

Es profunda *certilumbre*,
que en latitudes donde las copas
solapan firmes el dosel,
desvele la cúpula entre fisuras
el nimbo oculto tras su piel.

ANHELO DE TRASCENDENCIA

Estiraron sus brazos, alargándose,
enroscándose como zarcillos,
revistiendo los escarpados ribazos
como verdoso jubón que engalana.

Esculpieron su sonrisa en mármol
(firme sustento de la compostura),
tallado que el cierzo no acomete,
que esboza un gesto que perdura.

Sembraron el error:
la simiente de raíz subliminal.
Ella invade, crece lateral...
brota y escupe su flor.

ARTIFICIO

Con sonrisas afiladas
al misterio se niega la clave,
pues de entre sus labios
todo criterio es en balde.

De su mandíbula cristalizada
surge una mueca petulante,
es la actitud de una carcajada
desencajada en curvas punzantes.

En despliegue de sus arcos
se abisman los carrillos,
nace un dibujo capcioso:
un arte mimético entre rizos.

Sus facciones de cartulina
migran en un dinámico mosaico,
son músculos que se contorsionan
moldeando un cariz plástico.

AURA SOMBRÍA

Noche, serías calma
si osados no tornara tu escasa lumbre
ocultos pareceres, contrarios al día,
medrosos de los albores celestes.

Noche, serías alba
si idénticos valores luciesen
en lo profundo de tus sombras,
que, como sombras,
lucen en presencia del alba.

EXTRAVIADAS ESFERAS

Todo es acolchado,
todo es cabello otoñal,
todo es una esfera de hojarasca
agrietada en sus pieles silenciosas.

En su redondez, las esferas
figuran blancas como cabezas
(cabezas que son amarillas),
amarillas cabezas como ciruelas,
amarillas, en su perfección de estelas.

Seseras que fueron ciruelas,
ciruelas de pétreas membranas,
membranas como nueces mermadas,
mermadas como graníticas molleras.

LA NARRATIVA DEL PAISAJE

... Anillos para manos de poetas

que alzarán un gran bosque sobre el

bosque...

Jorge Guillén

EXCELSITUD

Esbelto, firme álamo,
alarga la palma
de tu hoja postrimera
y acaricia la bóveda celeste
que en calma expande
la primavera.

Ahínco de sublimidad,
de vida perenne...
Celeridad prodigiosa
encumbrando la eminencia
elevada sobre la planicie.

Rostro plateado, cristalizado,
tu blanco metálico
transpira un secreto:
íntima incógnita del hado.

NATURA

Un respirar meloso
de la flor azúcar colorido,
de la joya de pétalos perlados,
de pétalos que se suceden en abanico.

Un respirar el aroma,
aroma de mimbre revestido,
sus corolas son ápices lucientes
ligados en un ramo florido.

Con elongados cuerpos al cielo,
nacen entre abrazos
siluetas que enmascaran el suelo,
de perfiles encadenados,
de relieves en vivaces enredos.

Tejen de sus manos el traje,
hilando redes como inmensos mares,
mares verdosos como capas celestiales.

ASCENSO

Azulado celaje, túnica
escindida por vías pomposas.
Aguas celestes, hendiduras
entre nevadas cumbres.

Y en su concavidad...
sobre ríos que erosionan su volumen,
alcores de un gris resquebrajado
componen su mágico paisaje.

Nubes, hálito de gloria,
sublimidad en tropel
bordeada por cauces fugaces;
nubes, vía de las aves,
rastros de un vuelo
edificando sus altares.

Como un mundo,
elementos: piedras, columnas,
bóvedas flotantes...
dúctil materia errante
oscila flagrante, colmando
de un armónico y acendrado aire
los hilos de luz estival
que vivifican el cielo con donaire.

Y la amplitud...
niega entre cíclicas estaciones
las aristas de su marco;
niega entre misterios y encantos
los lindes de su rodar;
niega los límites
de un deambular decidido;
niega a los pájaros
un espacio estanco y definido
(libres vuelos y cantares).

Y la afinidad...
te conduce, solitario,
por un destello que lo es todo;
te induce, abstraído,
en tibias horas (alas del olvido).

Cada silbido, veloz
entre pliegues y holguras;
cada sonido, disperso
entre raíles y nervaduras
(estructuras que yerguen
la melódica voz).

Y las afiladas voces...
rasgan las costuras
y al abanico desvisten;
pintan creativas sus porciones
y las fisuras disfrazan y envisten.

Son a la deriva,
tañido de las cuerdas
que ahílan de algodón
blancas ondas siderales.
Son (viento huracanado),
entre los resquicios
un himno heroico va sonando.

Y la tierra...
la tierra es polvo de nostalgias.
Y las nostalgias...
flores marchitas que la brisa entierra.

En ascenso.
Lejana tierra.